하늘포목점

김선영 시집

문학공원 시선 250

하늘포목점

김선영 시집

먹고 먹히는 모습에서
안쓰러운 눈빛을 거두며
돈으로 평가되는 우리네 삶을 뒤돌아본다

문학공원

시인의 말

계절의 여왕 오월
담장마다 넝쿨장미가 흐드러지게 피어
마음을 설레게 하는 계절입니다
장미의 품종이 15,000여 종 있다지만
저는 앞으로 15,000여 편의 시를 써야지 다짐해보며
그동안 한 편 한 편 써온 졸시집을 내놓습니다
아름다운 봄날 겁 없이 엮어 내놓는 것이
부끄럽기가 한이 없습니다
숟가락이 밥맛을 모르고 국자가 국맛을 모르듯
자신을 모르고 살았습니다
이젠 시 한 편에서 온전한 나를 만나고 싶습니다
한편으론 두렵기도 하지만 설레기도 합니다
책을 내는 일은 나와는 상관없는 일이라 생각했었지요
여러모로 부족한 저를 여기까지 이끌어주시고
용기를 주신 김순진 교수님께 감사드립니다

지금은 멀리 가셨지만 제 인생에 등불이 되어주신
부모님께도 감사드립니다
많이 보고 싶습니다
항상 바른 삶의 가치관을 가르쳐주고 보듬어주는
남편에게 사랑한다고 전하며
나에게 아름다운 무지갯빛으로 와준
아들딸이 있어 너무너무 행복합니다
늘 도와주신 시댁의 형님들께도 감사드립니다
늘 힘을 주는 친구들에게도 고맙다는 말을 전하며
우리 형제자매들이 건강하기를 소망하며 사랑합니다
책을 내는데 물질과 격려를 해주신
많은 분들 정말 고맙습니다
함께 공부한 문우님들 사랑합니다
돌 틈 사이에 피어나는 작은 풀꽃처럼
단아하고 소담한 향기를 담아내는 질그릇 같은
명품시인이 되고 싶습니다

2024년 봄

명아 김 선 영

차례　　시인의 말　　4

1부.
어떤 행위예술가

우주선을 타다	12
콩나물 대가리 선거	14
발가락 양말	16
명품가방	17
신용카드	18
뜨거운 첫사랑	19
열쇠 장사꾼	20
때	22
하늘포목점	24
어떤 행위예술가	26
건망증	27
소풍캠핑장	28
종이컵	30
김연아에게	31
분憤 분盆	32
밥을 주다	34
가지 가지	36
봄의 오디션	38

2부.
야단법석

야단법석	40
아리수는 흐른다	42
시詩와 동거	43
시낭송회에 가다	44
시詩와 나	45
잠시 외출한 내 마음	46
문門	48
홍	50
잡년	51
첫 시집 표지를 꿈꾸다	52
단무지	53
꿈	54
명품 만년필	56
참회하다	57
함께하는 친구들	58
물	59
알몸	60
꽃밭	62
먼 길	64
우리가 되는 길	65
독배	66

차례

3부.
보름달 비망록

고향집 소묘	68
엄마	70
내 고향 남양주	73
함께 사는 이유	74
제기祭器	76
추억을 줍다	77
왕십리 똥다리	78
보름달 비망록	80
엄마를 부르며	81
아버지 곁에서	82
꽁보리밥	85
수제비와 죽	86
아버지	88
행복한 날	89
애타는 마음	90
흔적	92
오른손	94

4부.
아침 햇살의 상술

땅, 그 아름다운 속내	96
오랜만에 만난 그녀	98
봄비의 속성	99
음陰의 길	100
민들레꽃씨	101
봄의 노래	102
야생화에게	104
분재	105
아침 햇살의 상술	106
나팔꽃 피다	107
물쑥뿌리	108
갈대의 학구열	110
세월의 껍질	111
물감장수	112
석양	113
가을, 그 위선자에게	114
가을 소풍	115
감잡다	116
철부지	117
왕숙천의 가을	118

차례

은행나무 궁금증 120
낙엽의 말 121
겨울 모퉁이의 연못 122
강낭콩 123
토끼풀꽃반지 124

작품해설 126
조물주와 사람, 자연 필사의 시학
- 김순진(문학평론가 · 고려대 미래교육원 강사)

1부.
어떤 행위예술가

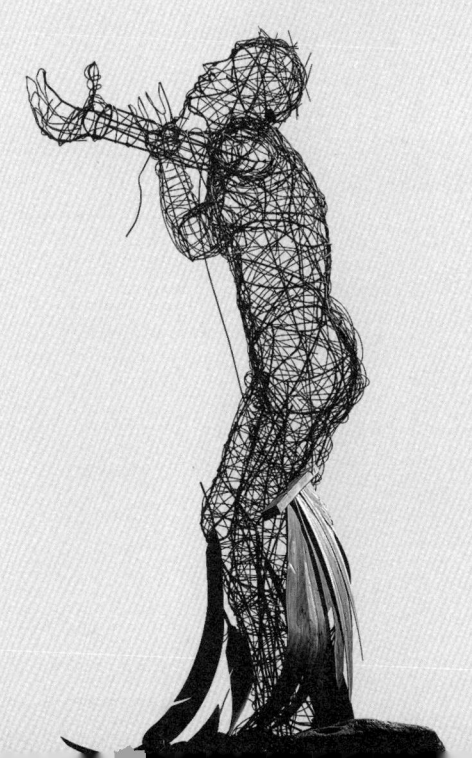

우주선을 타다

구름 위로 올라가 여행길에 올랐다
마침 하늘 문이 열려 들어가 보니
얼마 전에 먼저 가신 아버지 어머니를 우주에서 만났다
제일 큰 우주선이 우리 집이라며 자랑하신다
둘러보니 신기한 물건들
신기하게 생긴 사람들
생전 보지 못했던 주변 풍경에 어리둥절하며 쩔쩔매는데
로봇들이 밥상을 차려와 맛있게 먹어보라 한다
밥상 위에는 놀랍게도 무지개 접시에
예쁜 색종이와 구슬들이 가득 차려져 있다
옆에서 먹어보라며 붉은색 색종이를 집어주는 어머니
어찌 된 일일까 만져만 봤을 뿐인데 배가 부르다
앞으로 하늘 아래 인간들이 먹을 음식이라며
이것저것 주섬주섬 싸주신다
아버지는 옆에서 음식들의 이름을 세세히 적어 주시는데

그 음식들의 이름이 신기했다
봉사 나눔 희망 사랑 등 줄줄이 적어 내 손에 쥐어주신다
이제껏 먹었던 그 음식의 이름은 욕심 시기 질투
이러한 것들은 먹을수록 독이라 큰 병을 얻는다며
내려가면 모두 버리라고 하신다
이젠 보기만 해도 배부르고 행복한 음식을 먹어야겠다
부모님이 주신 선물을 품에 안고
우주선을 타고 눈 깜짝할 사이에 내려왔다

내가 우주선을 타다니
깨어보니 꿈이었다

콩나물 대가리 선거

4월 10일 총선에서
하늘을 날아오르려는 그들
제각기 목을 쭉 빼고 풍선을 꿈꾸고 있다
잘난 놈이나 못난 놈이나
있는 놈이나 없는 놈이나
배운 놈이나 못 배운 놈이나
높이 올라 세상에 빛이 되겠다며
서로 싸움질에 여념이 없다

그들은 물줄기를 타고 가락에 젖어
다리를 길게 뻗어가며 발레 연습도 한다
일제히 머리를 들고 앞서거니 뒤서거니
지휘봉에 맞춰 힘차게 소나타를 부르며
날아오르는 꿈에 부푼 그들

유권자 앞에 순응한다
무서운 눈초리로 골라내는데

매운맛을 보는 놈과
누구에게나 사랑을 받는 놈들

그들은 모두 같은 시루 속에서 자란
콩나물대가리다

발가락 양말

장거리 출장을 다녀온 오 남매
온몸이 만신창이 되어 거실 구석에
쭈그리고 있다
먼 길을 다녀와 파김치가 된 그들이 안쓰럽다
가운데 동생은 아예 숨어있고
막내의 얼굴은 너무 찌그러지고 울상이다
그래도 시장에서 그들은 인기가 좋다
어떤 이는 그 많은 친구들 중에
생김새가 귀엽다며 데려가고
어떤 이는 화려한 외모가 멋있다며
외국 여행길에 동행을 한다
어떤 이는 운동도 늘 함께하고
또 어떤 이는 아리고 쓰린 남을 위해
온몸을 바쳐 헌신한다
음지에서 수고하는 그들에게 이제
시원한 물놀이를 시키려고 한다

명품가방

어쩌다 필Feel이 꽂혀 그를 선택을 했지만
나는 나의 선택을 믿는다
너무도 멋진 자태에 푹 빠져
늘 그의 곁에만 있고 싶어진다
그도 내 품에서 행복의 그네를 탄다
무엇이 그리 좋은지 얼굴이 환하다
나도 그를 자주 쓰다듬으며 미소를 지어본다
그는 이미 널리 알려진 명사
행여 비라도 내리면
얼굴에 얼룩이 지면 인격이 떨어질까
그를 포근히 안아준다
이제 그에게 함부로 할 수도 없다
그의 신분에 맞추기 위해 먹는 것도 조심스레 먹이며
그가 많이 먹으면 그의 외모가 틀어질까
내가 더 조심스럽다
보고 또 봐도 늘 거만한 그가 좋다

신용카드

알록달록 속옷도 겉옷도
푸짐한 먹을거리도
스윽스윽 베어지는 소리 쏠쏠하다
어느새 나는 욕심을 마구 주워 담는다

사랑할 수도 미워할 수도 버릴 수도 없다
그래도 그를 가슴에 품는다
그가 있어 정다운 친구와 맛있는 식사도 하고
그를 만났기에 사랑하는 이에게 선물도 한다

묵언의 수행자처럼 묵묵함이 미덕인 양
늘 나에게 윙크해대던 그에게 짓밟히는 내 신세
속마음 타들어가 때만 되면 열병을 앓는다
카멜레온처럼 변색되는 내 마음 알까, 그대는

뜨거운 첫사랑

그를 보자마자 나는 첫눈에 반했다
가까이도 멀리도 할 수 없는 그
뜨거운 열정으로
내 심장을 뛰게도 하고
까만 밤을 꼬박 새우게도 한다
그의 그윽하고 쌉쓰레한 분내는
늘 내 곁을 맴돌며 유혹한다
그가 있어 고초 같은 시집살이
힘든 줄 몰랐다
그도 나이가 들었는지
갈색 주름이 짙다
나의 분신 같은 그대는
뜨거운 첫사랑
커피는 나의 동반자다

열쇠 장사꾼

무조건 고르세요
행복이 가득 들어있는 행복방 열쇠
웃음이 넘쳐나는 웃음방 열쇠
다양한 열쇠를 파는 장사꾼
건강이 가득 들어있어 그곳에 들어가면
온몸이 새털같이 가벼워지는 창고방 열쇠도 있습니다
사랑이 목마른 이에겐 사랑방 열쇠
돈이 필요한 이에겐 현금이 산처럼 쌓인 방 열쇠
금은보화가 번쩍번쩍 빛나는 보석방 열쇠
지나간 세월도 뚝 잘라주는 세월방 열쇠
나이도 10년은 젊게 해주는 나이방 열쇠
어디든 가고 싶으면 여행시켜주는 여행방 열쇠
뚱보가 들어가면 날씬해지는 다이어트방 열쇠
들어가면 무조건 돈을 따는 고스톱방 열쇠
옷을 입은 채 온몸을 구석구석 씻어주는 목욕방 열쇠
피곤을 싹 날려주는 몸이 가벼워지는 에너지방 열쇠
현재와 미래를 투시해서 한눈에 볼 수 있는 오차원

방 열쇠

　그 외에도 무궁무진한 열쇠를 많이 파는 장사꾼입니다
　언제든지 불러만 주세요
　김선영은 열쇠 파는 장사꾼입니다
　단, 조건이 있습니다
　한 사람에 한 가지 방열쇠만 팔아요
　잘 선택하셔서 말씀해 주시면 택배도 가능합니다
　열쇠마다 가격이 달라요
　깎아도 드립니다
　그 장사꾼 하하하
　오늘은 행복방 열쇠만 팝니다

때

가치관이 우뚝 서 있어도 때로 흔들릴 때가 있다
이루고 싶은 소망을 포기하고 싶을 때도 있고
긍정적인 생각으로 하루를 살다가도 때로는
모든 것들이 부정적으로 보일 때가 있다
완벽을 추구하며 세심하게 살피는 나날 중에도 때로는
건성으로 지나치고 싶을 때도 있으며
정직함과 곧고 바름을 강조하면서도 때로는
양심에 걸리는 행동을 할 때가 있다
포근한 햇살이 곳곳에 퍼져있는 어느 날에도
마음에서는 심한 빗줄기가 내리며
따스한 사람들 틈에서 호흡하고 있는 순간에도 문득
심한 소외감을 느낄 때도 있다
행복감이 가득할 것 같은 특별한 때에도
홀로 소리 없이 울고 싶은 그런 때도 있다
늘 한결같기를 바라지만 때때로 찾아오는 변화에
혼란스러울 때도 있다
한 모습만 보인다고 그것만을 보고 판단하지 말고

흔들린다고 곱지 않은 시선으로 바라보지 말자
마음이 늘 고요하다면 그 모습 뒤에는 분명
숨겨져 있는 보이지 않는 거짓이 있을 것
가끔은 흔들려보며 때로는 모든 것들을 내려놓는다
그러한 과정 뒤에 오는 소중한 깨달음이 있기에

하늘포목점

거미 한 마리
처마 밑에 포목점을 차렸다
하늘을 두 뼘 잘라 펼쳐놓고
미동도 없이 손님을 기다리고 있다
귀퉁이에 앉아 기다리는 한 노파
삶의 무게가 버겁게 보인다

어린 벌레 한 마리, 덜컥 걸렸다
회심의 미소를 짓는다
벌레는 애원의 눈빛으로 바둥거린다
비싸다 그냥 간다
깎아줄 테니 사가라는
생의 몸부림,
누구든 먹이 앞에서 관용은 없다

먹고 먹히는 모습에서
안쓰러운 눈빛을 거두며

돈으로 평가되는 우리네 삶을 뒤돌아본다

어떤 행위예술가

그는 행위예술가다
온몸으로 예술을 펼치는 그를 바라본다
하찮게 보이는 그이지만
이곳저곳 가리지 않고 부딪히며
그는 언제나 밝고 깨끗한 세상을 꿈꾼다
가난하고 볼품없는 그
그는 어디를 가나 꼭 필요한 존재다
그보다 더 냄새나고 더럽고 추악한 가면을 쓴 이들이
세상에는 얼마나 많은가
채울 것 없는 속내를 모두 내보이면서도 당당한 그
온몸을 바치며 빈손으로 살아가는 그의 삶
높은 곳 낮은 곳 계산하지 않는 그
인간을 뛰어넘는 걸레의 봉사정신에
새삼 존경의 머리를 숙인다

건망증

사우나탕 반바지에 거금을 넣어두고 기분 좋게 나왔다
그것을 알아챈 것은 나온 지 이십 분이 지나서였다
한순간 건망증에 나 스스로가 한심하다
우리 남편 하루 일당보다 많은 거금이다
살다 보면 이것보다 더 많은 돈을 잃게 되거나
인생을 잃을 수도 있으니 별 대수는 아니다
친구들과 시원한 맥주 한 잔 하려고 했는데
막상 없는 돈에 참자며 물만 들이킨다

그런데 자꾸만 생각이 난다
사람이 많은 시장 안 한복판
돈도 힘도 없어 땅만 보고 걷는데
앗! 오만 원짜리 지폐다
친구들이 박수치며 착하게 살은 덕이란다
시원한 맥주를 사니 없던 힘이 난다
지폐를 잃은 이를 생각하며
나는 지금 한 잔 술에 취해있다

소풍캠핑장

가평 어비계곡에 자리한 캠핑장
간판 이름이 소풍캠핑장이다
물 맑고 공기 좋은 캠핑장으로 이미 널리 알려진 곳
텐트 치고 맛있는 음식에 즐기기 딱 좋은 장소다
단체 친구 가족 좋은 사람들과 잠시 쉬어가자
더할 나위 없는 쉼터
몸과 마음이 피로하고 잠시 쉬고 싶을 때
맑은 공기 마시며 시원한 계곡물에 발 담그며

봄이면 각종 봄나물에 여름이면 싱싱한 채소며 옥수수
가을이면 도토리묵에 감자전 오리 닭 능이백숙
모두 직접 재배하여 싱싱한 유기농 재료들로 음식
주문도 받는다
하나 더 사랑으로 함께 버무린 마음 씀이 주인장의
특식이다

이곳 소풍캠핑장은 주인장이 태어나서 자란 고향이다

운영의 묘미는 따로 없으나
한번 고객은 영원한 고객이라는 슬로건을 몸소 실천하는
인간미가 철철 넘치는 주인장 부부
처음 만나도 낯설지 않고 가족 같은 느낌이 드는 곳

다녀간 고객들의 칭송이 자자하여 재방문에 자리가 부족하면
주인장 거처도 내주는 인심이 후한 소풍캠핑장
소풍캠핑장의 캠핑은 그야말로 힐링의 장소로 그만이다

캠핑을 좋아하는 나는 오늘도
소풍캠핑장으로 차를 몬다

종이컵

화려한 문양 새긴
유리컵 부럽지 않은 순수
곱게 스민 하얀 삶
찌그러질망정 결코 깨지지 않는
기막힌 사랑이다
세상 온갖 투정 안으로 삭이며
무엇이든 담는다
목마른 물 담고
가끔은 아픈 촛불 담고
커피 한 잔에 삶의 이야기도 담는다
헌신적인 봉사정신
무보상에 온몸 내던진다
자랑스러워 하얀 모습 살며시 감싸본다
흘러 흘러온 텅 빈 마음
무거운 세월 짓눌러도
소리 없이 미소짓는
하얀 남편이다

김연아에게

그녀는 재단사다
날렵한 그녀의 가위는
한 벌의 레미제라블 패션쇼 옷을 디자인한다
자유자재로 도형을 그리며 호마처럼 설원을 평정한다
그 너른 옷감을 한 치의 오차도 없이 재단해내는 그녀
넘어지면 일어서는 오뚝이 그녀는
아픈 맘 삭이며 인내한 형설지공의 삶이다
실패를 딛고 올라온 승리의 천사
인생과 세계관을 실현하는 대한의 딸 그녀
온 국민의 심장을 치고 오르는 불덩이는 식을 줄 모른다
먹지 않아도 배부르다
세상에서 가장 예쁘고 아름다운 옷을 재단하는 그녀
봄볕처럼 화사한 그녀의 미소가
세계로 울려 퍼지는 애국가 음표 속에 아롱거리네

분憤 분盆

분憤해도 참아야 해 참아 봐 참아 봐봐
얼마나 참아야 하는데…
글쎄 참아 봐
넌 참을 수 있어
참음은 곧 지혜와 연결되니
침 한번 꿀꺽 삼키고 참아봐
얼마나 참아야 하는데…
마음을 잘 다스려봐
그래도 무조건 참으면 되는 게 어디 있어…
글쎄 참아봐 참으면 돼
참으면서 숨을 크게 쉬어봐
여태까지 참았는데 이젠 더 이상 못 참아!
한번만 더 참아 봐 응응
참으면 돼 정말…
그래 그래 참아
오늘 아침 전화 한 통
분盆에서 삼 년을 참았다 꽃피우는

저 한란韓蘭처럼

밥을 주다

시계에 밥을 준다
너는 배고파 울음소리조차 작다
떡하니 버티고 서서 먹을 것을 달라고
두 팔을 힘없이 젓는다

먹어야 산다
배 터지게 먹여야 산다
나 어릴 때 먹을 것이 없어 배고파 울어본 적이 있다
매달릴 힘조차 없어 그냥 울었었다
엄마는 죽 한 사발 얻어와 내 입에 넣어주니
힘이 나 고무줄놀이도 하고 사방치기도 하며
지금도 수건돌리기 놀이에 열중이다
먹을거리가 많아져 골라먹는 세상에 누가 뺏어 먹을까
장소 가리지 않고 곁눈질을 해가며 마구 먹는다
배고파 울던 그 시절에 생긴 습관일까
아무리 천천히 먹으려고 해도 잘 안 된다
그래서일까 힘도 세고 목소리도 크다

〈

너도 배 터지게 먹으면 나와 같이 소리도 크겠지
평생 밥을 먹으며 살아야 하는 너와 나

가지 가지

가지가 세 개에 이천 원이라 사다가 프라이팬에 볶는다

젊은 시절 가지 농사를 지은 적이 있다
수정이 잘못되면 똘 가지가 생겨나
상품 가치가 떨어져 버려야 한다
가지 따다가 가지 가시에 찔리면 피가 난다
꽃가루 알레르기도 있어 가지 따러 들어가면
마른기침도 하고 몸이 가렵다
가지가지 한다고 밭에서 쫓겨난 그는
지금도 가지를 잘 안 먹는다

여당 야당 모두 국민은 안중에 없고 당파 싸움에
가지 가지 꼴불견이다
국민들은 똘가지보다 수정이 잘되어
제대로 된 예쁜 가지를 원한다
가시에 찔리고 알레르기 일면 병원에 가야 하니
상처로 남지 않는 정치는 할 수 없을까

세계 곳곳에서도 가지 치는 전쟁이 벌어지고
먹지도 못하는 똘 가지만 키워내는구나

그때 가지밭에 만발했던 가지꽃이 눈에 선하다
가지마다 핀 보라색 가지 꽃을 따
귀에 꽂던 시절이 그립다

봄의 오디션

땅이 머리를 들기 시작하고
하늘이 그림자를 지우고
바람이 이름을 바꾸고 있다
뒷걸음치는 겨울의 손끝에서
작은 싹들이 생명을 잉태하고
뒤질세라 앞다투어
작은 입술들이 봄을 부르고 있다
용트림으로 부르르 떨며
눈 터지는 연초록들
봄의 호흡이 가쁘다
멀리서 흔들리는 아지랑이
진저리칠 만큼 아름다운 색을 만들고
긴 기다림의 인내는
사랑의 세레나데를 부른다
사랑 찾는 생명들
오디션이 절정이다

2부.
야단법석

야단법석

목탁소리에 감화돼 스스로 둥글어진 바위들
산등성이마다 부처님이 계신다
장경각 안에서 숨소리가 들린다
성철스님의 열반송이 아직도 살아
중생들을 반기는 듯 불법을 설하신다
은은히 들리는 부처님의 말씀이
내 마음을 흔드는데
불심을 담는 그릇이 맨발이다
너덜너덜 헤지고 아프다
잠시 목이 메어 온다
해인사 오르는 길에 생명의 소리 들려온다
신라 애장왕의 왕비가 등창으로 고생할 때
신비하게 고쳐준 사찰
단풍이 곱게 물든 사이사이로
솔내음으로 울려 퍼지는 불경소리
몇백 년 된 소나무들
나무아미타불 관세음보살

야단법석*이다

* 野檀法席 : 『불교대사전』에 나오는 말. '야단(野壇)'이란 '야외에 세운 단'이란 뜻이고, '법석(法席)'은 '불법을 펴는 자리'라는 뜻으로 모두 나와 불경을 외우고 목탁을 두들겨 정신없다는 말.

아리수는 흐른다

겨레의 젖줄 아리수
동맥으로 꿈틀거리며 흐른다
억겁 년 흘러온 창조의 물줄기
태백산 검룡소에서 솟아
천이백오십 리 아리랑을 부르며
칠호 구강*을 벗하여
굽이굽이 흘러왔다
두물머리에서 쉬어가리
연꽃향기 가슴에 안고 쉬어가리
산세 아름다운 운길산 수종사
높이 앉은 오층 석탑 미소로 반긴다
여의도가 밤하늘에 번뜩인다
유유히 흐르는 장엄한 자태의 아리수
유구한 역사가 한강 위에 서린다

* 칠호 : 파로호, 춘천호, 소양호, 의암호, 청평호, 충주호, 팔당호.
* 구강 : 동강, 서강, 평창강, 주천강, 섬강, 남한강, 소양강, 홍천강, 북한강.

시詩와 동거

그와 바람이 났다
첫눈에 반해 앞도 뒤도 보이지 않는다
사랑은 시작됐다
젊은 시절의 풋사랑이 아니고
황혼에 피어난 늦사랑이다
가물가물 켜켜이 쌓여있는 추억의 더미를 뒤진다
가슴에 돌풍을 일으키며 사랑의 불씨가 그렇게 날아들었다
우린 아무도 건드릴 수 없는 뜨거운 사이가 되었다
네가 주었기에 내가 가졌고 내가 원했기에 넌 쓰러졌다
너의 몸 위에 내가 있기에 나의 마음 아래 네가 있기에
옮아붙은 불길은 시도 때도 없이 밤낮을 가리지 않고 마구 탄다

그래서 늦바람이 무섭다고 했나

시낭송회에 가다
- 제46회 스토리문학관 정기 시낭송회에 부쳐

따사로운 가을 햇살과
상쾌한 마음을 가방에 주섬주섬 담아
시낭송회 장소로 달려간다
시인이 되고 싶어 남몰래 키워오던 꿈
오늘은 학생이 되어
흥분된 마음으로 시낭송회에 간다

내가 간 과거 속에서 그리움을 찾아주고
새로운 용기와 희망이 있음을 가르쳐준 시낭송회
글 쓰는 일이 대화를 하는 것과 마찬가지임을
시는 내 마음의 아픔과 슬픔도 덜어준다는 것을
사랑하는 것이 사랑받는 것임을 가르쳐 주었다

문학은 배고픔을 넘어서는 것임을
정신은 육신 위에 군림한다는 것을
진정한 문학은 나를 위하고
나만의 것을 숭상한다는 것을

시詩와 나

손에 쥔 연필도 미완성의 너도
나와 함께 밤을 세우네
이유는 서로 사랑하기 때문
늘 곁에서 나를 간질거리게 하는 너
이리저리 삶에 영혼을 불어넣는다
세상사는 맛을 너에게 먹이고 싶다
하얀 낮 까만 밤 열병 앓으며
너를 안고 마냥 뒹굴고 싶다
너를 사랑하기에 즐거운 마음으로
미열의 마음으로 만삭의 몸으로
산고를 겪고 있다
내 인생에 가장 뜨거운 순간은
세상 밖에 갓 태어난 너를 보는 것
너의 모양새에서
어머니의 치맛자락을 느낀다

잠시 외출한 내 마음

그는 가고 싶은 곳 어디든 날아다닌다
여름으로 날더니 이번엔 가을로 날아간다
족히 오십 년 넘게 살아온 내 곁을 떠나
이곳저곳을 누빈다
농익은 삶과 사랑을 마시며 훨훨 날갯짓한다
그가 가는 곳은 누구도 막을 수는 없다
흐르는 세월도 나도 그를 잡지 못한다
그는 막무가내로 간다고 한다
나를 만나 삶에 방향을 잃고 허우적거린 그는
나를 남겨두고 정처 없이 떠났다
부모님께 순종하고 남편에게 복종하고 자식에게 헌신하며
내 곁에서 아바타의 세월을 보낸 그가
뭉게구름 위에 올라 소나타 한 음절 바람음표에 걸어놓고
잘 익은 세상을 바라보며 너울너울 춤춘다
그는 역마살이 낀 끼쟁이

나를 여기 두고 멋대로 휘젓고 다닌다
긍정의 세월을 보내는 그가 걱정거리를 마구 지워버리며
길모퉁이 허름한 찻집에 들러 한 편의 시를 짓는다

나는 잠깐의 침묵으로 그와 소통하면서
천방지축인 그를 다스려본다

문門

세상 문을 열고 이름 하나를 심었다
한 생명으로 유년의 문을 지나고
어정쩡하게 보낸 학업의 문도 지났다
꿈 많던 초록 언덕의 문도 지났다
사람은 태어나서 수많은 문을 지나지만
항상 세 번의 문을 생각한다
부모로부터 태어나 흰 포에 싸였고
배필을 만나 순백의 흰 드레스를 입었고
다시 흰 포에 싸여 돌아올 수 없는 문으로 간다

이젠 젊은 날도 그렇게 문밖으로 빠져나가고
낡은 그림을 잊지 못해 용기 내어 문 앞에 서 있다
헤아릴 수 없는 수많은 문을 지나 숨고르기하는 나
이제 나는 많은 고민과 목마름으로 시문 언저리에서
잡은 문이 활짝 열리기를 소망하며
시 고리를 잡고 문을 두드려본다

슬며시 꺼낸 은수저 하나를
윤나게 닦아본다

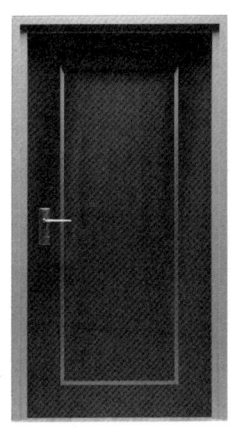

흥

오늘도 떨어지지 않는 그와 함께 앉아 있다
어떤 얘기를 나누어봐도 덩실덩실 더덩실이다
술을 권해 봐도 흥
천안 삼거리 흥, 능수야 버들은 흥흥흥
그렇게 어깨춤 추며 살고 싶다고 한다
어지러운 세상살이 조금이나마 힘이 되고 싶다며
자기를 조건 없이 분양해준다
어떤 이에게는 새털같이 가볍게 흔들 수 있는 몸을
또 어떤 이에게는 꾀꼬리 같은 목소리를
그리고 어떤 이에게는 아름답게 살아가는 법을
삶에 힘들어하는 이들에게도 용기와 사랑을
그는 어느새 장부타령 한 소절 늘어놓고 있다
언제나 덩실덩실 더덩실 신명나는 춤을 춘다
모두 어디를 가나 그와 함께하고 싶겠지
한 줌 흙이 될 때까지
그가 나와 함께 했으면

잡년

이웃집 모녀가 쌈질하는 통에 가슴이 철렁하다
명품으로 온 육신 감싼 외동딸년
시도 때도 없이 돈 달라며 늙은 노모에게 달려드니
잡년이 따로 없다
힘없는 노모 주리 틀면 없는 돈 나올까 한심한 관경이다
불쌍한 노모는 한 달 살이도 힘든 생활
허리는 가늘고 등은 굽어 낙타 등이다
철없이 구는 자식 오늘도 아랑곳하지 않고
없는 돈 달라고 고래고래 소리 지른다
쇠심줄보다 질긴 목숨이라며 빨리 죽고 싶다고 울먹이는 엄마
자식이 부모 되는 이치를 아는 년인지 모두 입을 모아
잡년이라고 한다
갈퀴가 된 손으로 얼굴을 감싸며 눈물을 훔치는
불쌍한 노모
나는 어디에 서 있는 걸까
잡년은 아닌지

첫 시집 표지를 꿈꾸다

하늘은 제일 큰 칠판
푸르고 넓다
지우개는 제일 큰 바람
분필은 제일 큰 하얀 구름
하늘에다 무얼 그려볼까
내 첫 시집 표지를 어떻게 꾸며야 예쁠까
지금은 마음대로 꾸며도 되겠지
이것저것 골라가며 그려 본다
바람으로 지우고 또 그려보고
기념으로 영원히 남기고 싶은데
오늘도 정성을 다해 그려보는 표지
표지보다 시 퇴고에 더 신경 쓰라며
바람이 말없이 지우고 가네

단무지

단무지 없는 김밥은 앙꼬 없는 찐빵
세상 무엇과 어울려야
비로소 맛을 내는 너처럼
나도 가끔 너처럼 단순하게 살고 싶다
단풍 고운 가을날
좋은 사람들과 뒹굴며
너처럼 노오란 그리움으로
가슴을 새콤하게 물들이고 싶다
짭짤하고 달콤한
그런 사랑을 해보고 싶다

꿈

동동주 한 잔을 마셨다
시원하고 달작지근한 맛에 기분이 좋다

수다쟁이 아줌마처럼 말도 많아지고
노래도 부르고 싶다
주거니 받거니 두 잔을 마신다
가슴을 지나 오장육부五臟六府에 구석구석 퍼진다
왠지 양처럼 순해지고 이유가 많아지며 자책도 하게 된다
괜히 죄인이 된 심정으로 석 잔 째 들이킨다
심장이 마구 뛰며 무엇이든 할 것 같은 용기가 생긴다
까불지 말라고 그래! 큰소리치며
세상이 돈짝만한 게 모두 내 것으로 보인다
그런 나의 미래를 위해 건배하듯 넉 잔째 마신다
술기운에 젖어 들면서 과거가 떠오르고
지나간 삶의 모습들이 동동주 거품마냥 툭툭 터진다
어느새 넋 나간 듯 모로 누워 식식거리는데

그가 나를 또 유혹한다
마냥 나를 데리고 놀 모양이다

놀다 보니 해가 중천에 걸려 있다

명품 만년필

어릴 적 친구가 만나자더니
예쁘게 포장을 한 자그마한 선물을 내민다
그렇게 감성이 풍부하더니
시인이 되었다고 좋아한다
평생 안아보지 못한 요염한 명품 그녀
마주한 그녀에게 들뜨는 이 기분
고마운 마음에 바로 시 한 수를 써본다
무엇을 쓸까
첫 글 제목은 「명품 만년필」이다
이 시를 친구에게 선물하며
나도 명품시인이 될 수 있을는지
오늘따라 커피향도 명품인가

참회하다

남해의 청량산
수려한 운치의 기암괴석
만고의 세월을 견딘 당당함
신라의 고승 의상대사가
창건했다는 문수암에 들렀다
화랑들이 몸과 마음을 수련하던 곳
무의산無義山
아무런 조건 없이 참회로써
감사의 마음을 가져본다

영원한 것은 아무것도 없다
가을 햇살도 시나브로 변하고
어제의 나도 변하고 있다
점 하나 찍힌 보잘것없는 내 모습
합장한 손등 위로 눈물만 흐른다

함께하는 친구들

그들은 비가 오나 눈이 오나
나를 태우고 가자는 데로 묵묵히 함께하지요
세월 흐름에 탓하지 않고
몸이 만신창이 되어도 항상 대기 중입니다
어쩌다 선택받지 못해도 불만이 없습니다
나는 그래서 그들을 아껴주지요
가끔은 한자리에 모아놓고 아픈 곳 없나
이곳저곳을 살피며 어루만져줍니다
나와 인연이 된 소중한 11번 애마, 신발들

물

그는 배려를 앞세우는 사람이다
그는 본디 천성이 착하므로 상대방이
지닌 마음 씀씀이에 따라 대할 줄도 안다
엄마는 나에게 물에 물 탄 듯 술에 술 탄 듯
성품이 지 애비를 닮았다고 한다
자라면서 무슨 뜻인 줄 몰랐는데
줏대 없이 싱겁다는 뜻이 아닌가 싶다

그는 남들과 섞이기를 좋아하는 습성도 있지만
스스로 맑아지는 이 자비심은 윤회에서 구한 깨달음일까
그는 억장 가슴 다독이며 생명의 구원투수를 자청한다

그런 그를 항상 옆에 끼고 다니는 나는
바다로 향하는 꿈을 꾼다

알몸

몸에 실오라기 하나 걸치지 않은 몸
목욕탕에 가면 신분 직위 고하를 막론하고
모두 홀딱 벗고 때를 밀고
빈부 격차를 가름할 허울 껍데기 모두 벗어던진 채
어깨에 목에 힘 줄 필요도 없고 힘 뺄 필요도 없는
모든 사람에게 평등사회가 주어진 곳 대중목욕탕 모두 알몸이다

빈손 알몸으로 태어나 가릴 필요도 숨길 일도 없는
아주 편안한 알몸
알몸으로 태어나서 수의 한 벌 얻어 입고
빈손으로 돌아가는 무상한 인생이거늘

알몸은 뻔히 보이지만 속마음은 아무도 모른다
알몸같이 볼 수 없을까 속내를 알몸 속에 감추고
진실은 어디까지인가 세상을 활보하는 허울 좋은
껍데기를 모두 벗겨 보고 싶은데

이불 속의 알몸도 친구지간의 알몸도 정치판 알몸도
알몸 속 알몸을 숨기고 가식으로 물들어가는 세상
뽀얀 알몸이 보고 싶다

꽃밭

고려대 미래교육원 시창작강의실
빼꼼히 문을 열었더니
어머머 교실에 봄이 왔어요

태숙꽃도 피었고
춘식꽃도 피었고
의숙꽃도 피었고
종원꽃도 피었고
영란꽃도 피었고
형순꽃도 피었고
의천꽃도 피었고
창호꽃도 피었고
태운꽃도 피었고
정숙꽃도 피었고
복한꽃도 피었고
동재꽃도 피었고
남희꽃도 피었고

송현꽃도 피었고
정현꽃도 피었고
선영꽃도 피었고
강단 위에는
순진꽃도 피었네요

향기 가득한 꽃밭에서
나비처럼 한참을 거닐었네요

사랑이 따뜻하게 비추는 교실에
봄이 제일 먼저 온 거 같아요

먼 길

그 길은 어떤 길이였나요
길고 멀어 허리 다리 아프지 않으신가요
길섶에 무슨 꽃들이 피어있나요
하늘에 뭉게구름 동무해서 쉬엄쉬엄 가세요

그 길 얼마나 외로우신가요
가시는 길 멀어 길옆 풀섶에 쉬어가세요
시냇물이 흐르면 손이라도 씻고 가세요
동쪽에서 불어오는 솔바람 손잡고 천천히 가세요

가시다가 집이 그리우시면
가시다가 자식들 보고 싶으시면
하늘에 편지 한 장 써서 보내주세요

멀고 먼 길 조심조심 가세요

우리가 되는 길

나에게 너를 맞추느냐
너에게 나를 맞추느냐
답은 없다

나에게 너를 입히지도
너에게 나를 입히려고도 말자

나와 다른 너
너와 다른 나
인정하면 그뿐

그것이 너와 나
우리가 되는 길이다

독백

사람은 홀로 있을 때
먼 산을 바라보거나
외로움에 길든 자신을 찾는다
내가 나에게 이르는 말
참되게 살겠노라는
독백을 얼마나 아름다운지

절실하게 소중하고
절박하기에 아름다운 것
고난의 길도 영광의 길이라고
밤마다 나에게 이르는 말

3부.

보름달 비망록

고향집 소묘

길보다 앞개울이 더 좋다
맑게 흐르는 물속에 가재가 살아 기고
송사리 떼 이리저리 유영하는 너
같이 놀던 친구들 어딜 갔나
내 고무신은 아직도 네 곁에 떠내려가고 있다
건넛방 아궁이에 청솔가지 타는 연기에
너의 눈시울이 젖었구나
쇠죽 끓이는 듯 구수한 너의 냄새
내 생각은 온통 너에게로 쏠려있다
김이 모락모락 소밥에든 콩을 골라주시던 할머니
그때 맛본 너의 맛은 지금도 군침이 돈다
외양간 문에 새끼 꼬아 그네를 매주셨던 할아버지
네가 숨긴 그 할아버지는 불러도 대답이 없다
어딜 가셨을까, 유년의 나는
여전히 뒤꼍에서 홍시 들고 서 있는데
마당 전에 꽃밭을 만들어주신 아버지 웃고 계신다
채송화 맨드라미 나팔꽃 과꽃 분꽃 넘실거린다

아침 일찍 일어나 나누는 이슬 머금은 인사법
너의 피부는 빛이 바래도 박속처럼 보드랍다
오늘도 나는 엄마가 둥글게 뭉쳐준
누룽지 한 덩이 손에 쥐고 고향집 언저리를 맴돈다

엄마

 높은 담벼락 아래 시멘트 쓰레기통 위에 머리에 인 보따리를 내려놓고 잠시 쉬는 동안 대문이 열리며 가정부로 보이는 앳된 여인이 비켜 달라며 금방 긁은 듯한 누런 누룽지 한 조각을 버리고 들어갔다 순간 당신과 눈이 마주쳤다 멋쩍어 하는 당신의 표정에 둘은 서로 바라보았다 나는 잠시 머뭇거리다가 얼른 주워들으니 어느새 보자기를 풀어 보따리를 싸신다 철부지 아홉 살 설레는 마음으로 당신을 따라나섰다 이른 새벽에 냉수 한 사발로 입을 축이고 그 무거운 계란보따리를 머리에 이고 집을 나선 당신의 장삿길 동행

 다시 길을 재촉하여 떠날 준비를 하는데 보기에도 무척 무거워 보이는 보따리 내 머리에 이어달라고 똬리를 머리 위에 올리며 디밀어보니 어림도 없는 일이다 살짝 올려놓으니 그냥 그대로 주저앉고 만다 빙그레 웃으시는 당신, 오늘은 네가 곁에 있어 힘이 난다고 하신다 곱디고운 당신이 하루 내 쉬지 않고 무거운

임질을 하시다니 한나절이 넘어도 계란 석 줄을 팔고 꼬박 무거운 보따리를 머리에 인 채 한 손으로 내손을 꼭 잡고 부지런히 팔아 원피스를 사주신다며 걸음을 재촉하신다 집을 나설 때 좋은 마음은 사라지고 문전 문전 문을 두드리며 계란 한 줄 팔아달라며 애원하는 당신의 고개는 어느새 더욱 삐뚤어지고 지쳐 보인다

어느 구멍가게 앞에서 쉬어가자며 '건빵 두 봉지를 달라'고 하자 주인은 봉지 입구를 가위로 잘라 물을 부어준다 나는 깜짝 놀라 엄마를 쳐다보니 '배도 부르고 목이 메이지 않아 먹기도 좋다'며 먹어보라 하신다 순간 물에 건빵이 퉁퉁 불어 입구까지 올라와 얼른 집어야 했다 늘 이곳에서 그렇게 물에 불린 건빵 한 봉지로 허기진 배를 조금이나마 채우셨던 당신, 지금도 기억에서 지워지지 않는 당신의 고개가 한쪽으로 삐뚤어진 모습, 머리카락이 빠져서 엄마의 정수리가 동그랗게 대머리가 된 것도 그날에서야 알았다

원피스도 싫어요 맛있는 호떡도 싫어요 그저 빨리 계란을 팔고 집에 가고 싶어요 당신이 너무나 안쓰러

왔다 지금까지도 잊혀 지지 않는 그날 이 세상에 제일 불쌍한 엄마 머릿밑이 미어지고 뱃가죽이 등짝에 붙어 허기진 육신으로 삶을 살아내신 당신, 내 엄마!

 난 그날 이후로 세상을 걷는 걸음의 의미를 알게 되었다

내 고향 남양주

사랑의 향기가 물씬 풍겨나는
경기도 양주군 미금면 이패리 374번지
태어나서 자란 곳이다
뒤로는 언제 봐도 웅장하고 자비스러운
자태를 지닌 백봉산과 천마산이 둘러있는 곳
부처님의 크신 위신력이 샘물처럼 솟아나는
크고 작은 사찰에 산세가 아름다운 자리다
아리따운 아가씨들이 배꽃을 닮은
뽀얀 속살을 드러내고 춤을 춘다
먹골배 단물이 온누리를 누빈다
북한강 맑은 물 위로 철새가 자유로이 넘나든다
연꽃이 아름다운 양수리 강변
정약용 선생의 실학사상이 서려 있는 다산 유적지
은발 휘날리며 우수수 노래 부르는 바리톤 갈대
중앙선 기차 소리 가슴에 담아
꿈꾸며 자란 내 남양주는
허브 향 짙은 꿈의 도시다

함께 사는 이유

이 세상에 내 것은 하나도 없으나
눈에 펼쳐지는 모든 형상이 고맙고 감사하다
나를 아내로 맞아준 남편이 고맙고
나의 아이들로 와준 자식들이 있어 고맙다
나를 있게 해주신 부모님과 조상님께 감사하고
또한 마음대로 요리할 수 있는 주부라는 직업이 있어 감사하다
속엣말 할 수 있는 친구가 있어 행복하고
풍성한 먹을거리 나누는 다정한 이웃에게 고맙다
졸졸 흐르는 시냇물 소리도 고맙고
창공을 힘 있게 나는 날짐승들이 고맙고
가뭄에 비 내림 눈 내림이 고맙다
여기저기 여행 다니며 자연의 안겨 포근함을 느낄 수 있으니
세상은 온통 고마움과 감사함의 연속이다
나는 행복한 사람 복 받은 사람 은혜의 가피를 흠뻑 뒤집어쓴 사람

조금 양보하고 조금 배려하며 조금 덜어놓고
조금 덜 챙기면 다른 생명체들과 나눌 수 있지 않을까
만 생명이 함께 살아야 하는 공생의 공간
순서가 있고 순리가 있다는 깨달음에 훨훨 자유롭다

나와 인연 맺은 모든 이들이 눈물겹도록 고맙고

제기祭器

3대 4대가 모여 제사 지내는 날
그들이 첨단을 걷는 시대 저편에 좌선을 하고 있다
보릿고개를 힘들게 넘어 간신이 목숨 부지하고
형색 남루한 채 줄 맞추어 얌전히 앉아 있다
온몸은 이리 찢기고 저리 떨어진 그들
나와 조상님 맞을 준비를 한다
세월의 흔적인가
혈색 좋던 옛 추억 더듬어본다
얼굴마저 주근깨 문양이 어려 있는 모습
온몸을 사르며 베푸는 미덕에
조상님들 엷은 미소로 그들을 반긴다
섬김이 그들의 뜻이라니 정화된 마음으로
그들을 귀히 좌정시킨다

추억을 줍다

동구릉에서의 맨발로 걷기 모임
걷고 걷다 보니 발밑에 도토리가 지천이다
어릴 적 숟가락 만들고
밥그릇 만들어 놀던 도토리깍정이

손발이 절로 그에게로 향한다
그는 나를 데리고 고향 뒷동산으로 올라
그 시절로 가자고 하는 듯
빙그레 웃는 모습이 예쁘다
오랜만에 만난 그에게 반했다
잠시 옛 생각에 한 톨 한 톨 집은 나
계절이 주는 선물 아니던가

하지만 나라 법이 있어 국민이 지켜야 하는
왕릉의 위엄성 심장이 두근거린다
순사가 잡아가려나
잘못이라면 추억 한 줌 주웠을 뿐인데

왕십리 똥다리

아버지 엄마 따라 시작된 서울살이
왕십리역 부근 말 그대로 다리 밑이 환하게 보이고
전차가 오가는 종착역 옆에 아버지 회사가 있었다
내 나이 다섯 살 할머니네 건넛방에 세 식구가 살았다

연탄 아궁이에 앞마당에는 수도가 놓여있고
대청마루가 커다란 그래도 제법 큰 한옥이었다
밤이면 왕십리 다리 따라 쭉 늘어선 술집들
색시들이 이쁜 옷을 입고 들락이고
땅콩 파는 아주머니들이 여기저기 자리 잡고 전을 펼쳤다
왕사탕과 땅콩을 세모로 싼 비닐이 유난히 돋보였다

아버지 퇴근하면 대롱대롱 매달려 양복 주머니 동전을 꺼내서
역전에 나가 땅콩을 사서 역전 앞 건물을 뱅뱅 돌며 몰래 까먹었다

또 그러면 똥다리 밑에 버린다는 엄마의 엄포에
두 번 다시 안 그런다고 싹싹 빌던 기억
한번은 엄마 따라 왕십리시장에 갔다가 엄마를 잃어버렸다
어떤 아주머니께서 나를 문화방송국으로 데려갔는데
그때 엘리베이터를 처음 타봤다

우는 나에게 집이 어디냐고 묻는다
왕십리 똥다리 밑이라고 말했다, 그것밖에 기억이 안 나서
웃음바다가 된 방송국 사람들은 왕십리 똥다리로 나를 데려갔는데
왕십리 똥다리 때문에 집을 잘 찾은 나는
지프차도 그때 처음 타 봤다
그 똥다리는 지금의 어디쯤일까

보름달 비망록

오솔길도 산언덕도 없고 냇물 소리도 들리지 않는
빌딩 사이 차들의 소음과 비리가 판치는 도시
우연히 서울 빌딩 위에서 너를 만났어
닭 개는 물론 새소리마저도 들리지 않는 도시에서
어린 시절에 논두렁 밭두렁에서 처음 너를 보았지
혼자 있는 너를 보고 난 너무 반갑고도 미안했어
그동안 나는 하늘을 보지 못하고 살았지
구두 밑창이 달도록 앞만 보고 달렸단다
너는 그 옛날 그대로 변함이 없는데
나는 이리도 변해있구나
마당 전 미루나무 위에 걸터앉아 나를 내려다보던 너는
마실 다녀올 때면 행여 넘어질세라 내 손을 잡아주었지
넓은 앞개울은 우리의 무대였지
내가 뛰어가면 너도 뛰고 내가 웃으면 너도 웃고
긴 세월에 변하지 않은 너를 만나 반갑다

우리의 이야기는 아직 끝나지 않았지
그 시절로 돌아가서 함께 하고 싶어

엄마를 부르며

바라만 봐도 눈물이 흐른다 애절하게 엄마를 부르면
한마디만이라도 그랴, 하고 대답해주면 얼마나 좋을까
뭘 보려고 이리저리 눈동자만 굴리실까
여기예요 여기 아직도 소통이 안 된다
엄마 가슴에 엎드려 이내 오열하고 얼굴을 부빈다

맏딸인 나는 엄마하고 이런저런 추억이 너무 많다
하고 싶은 말이 아직도 많은데
한번 단 한 번이라도 내 이름 들어봤으면

봄이 온다고 만물이 소생한다고 웅성거리는데
요양원 침대에 누워 딸이 왔는지 가는지
눈동자만 굴리시는데

아버지 곁에서

어느새 시간은 밤 9시를 넘어가고 있다
하루를 정신없이 응급실에서 보내고
지금은 격리 방에 아버지를 모시고 있다
감기가 그리 심하지도 않았는데 각혈을 하신 것이다
면역력이 떨어져 기운이 없으시고
낮에 비를 맞으셨다고 한다
결핵이 의심되어 격리해야 한다며 보호자를 원한다
당연히 맏딸인 내가 나서서 남기로 했다
어깨 수술 후 퇴원하는 날 관리를 잘해야 하는데도
병간호를 한다고 나서니
남편이 당신 대단하다며 퇴근 후 병원을 찾아왔다
하지만 나에게는 아버지 이 세상에 단 한 분이신
내가 존경하고 사랑하는 아버지이시다
지금도 잊지 못한다 삶이 힘든 그 시절에도
자식들에게 사랑을 가득가득 심어주시며
특히 기억에 남는 건 봄이면 마당 전에
꽃밭을 만들어주시고 힘든 일을 하시다가도

아버지에게 달려가면 그대로 앉으셔서
두 팔을 벌려 꼭 안아 주시고는 하셨다
그렇듯 크신 사랑으로 우리 육 남매를 올곧게 키워주신
하늘보다 더 높으신 우리 아버지
엄마가 갑자기 쓰러지셔서
요양원에 계신지 2년이 넘어가고 있다
정신줄 놓으시고 남편도 자식들도
알아보지 못하시는 어머니
그러니 자식인 나도 복통이 절로나 기가 막히는데
어머니를 향한 아버지의 마음은 얼마나 힘이 드실까
때로는 아침인지 저녁인지 분간을 못 하신다
넋이 나가시나 보다
그런 아버지께서 병이 나셨다
속울음에 목젖이 아프고 가슴이 메인다
어깨들 아프면 어떻고 설사 결핵균이 퍼져
또한 감염이 된다 해도
아버지하고 둘이 있는 지금 이 시간
정성을 다해 모시고 싶은 마음뿐이다
나를 사랑해 주시고 이뻐해 주신 우리 아버지
이 자식은 해 드릴 것이 아무것도 없습니다

고작 병실 지키는 일이 뭐 그리 대단한가요
아버지를 위해서라면 목숨도 아깝지 않습니다
피를 토해내시며 힘들어하시는 우리 아버지
무엇인들 못 하겠는지요
옆에서 헛 말씀을 몇 번이고 뇌리시더니
이내 잠이 드셨네요
어버지 아버지 사랑해요
아버지의 손을 꼬옥 잡으니
이내 울컥울컥 울음이 터지고

꽁보리밥

밀짚 거적 깔고 두레상에 둘러앉은 가난
다시는 먹지 않으려 다짐 또 다짐하던
시커먼 꽁보리밥
찬물에 말아 휘휘 저어 짠지 한쪽에
허기 달래던 세월
입속에서 이리 미끌 저리 미끌 자꾸 뱉어내는
어린 자식 꼭꼭 씹으면 단맛이 난다며
한 번만 먹어보라 달래 보는 어머니
한여름 지긋한 허기에 식은땀이 흐른다
성인이 된 그는 다시는 먹지 않겠다고 맹세했지만
여전히 주변을 맴도는 그를
반길 수밖에 없네

수제비와 죽

요양원에 계신 어머니
일이 바쁘다 보니 4일 만에 엄마 손을 잡았다
가슴이 메어 숨조차 쉬기 힘들어
그냥 눈물만 줄줄 흐른다
잡은 손에 전해지는 느낌은
그냥 어떤 생각도 들지 않는다
어떻게 할까 어찌해야 좀 편안하실까
이리저리 뒤척여 드리고 침대를 올려도 보고
아프다고 인상을 쓰면 멈춘다
어떻게 하면 좋아
답을 도무지 알길 없다
그저 고생만 하신 울 엄마
말 한마디 못하고 이런 모습인지
여전히 알아보시는 듯 못 알아보시는 듯
점심때라 식사가 나왔다
수제비와 죽을 먹여드려야 한다
쓰러지시던 전날도 수제비와 죽을 잡수셨다고 했다

너무 좋아하셨던 그 수제비를 보니 또
한 번 눈물이 왈칵 쏟아진다
단번에 다 드셨다
밀것을 워낙 좋아하시는 우리 어머니
어머니 어머니 어머니

아버지

삼복에 한나절 무척 덥다
한낮 36도 아랑곳하지 않고
매일 내 사무실 문을 열고 들어오시는 아버지

아버지도 몰라보는 엄마를 위해
야쿠르트며 과자며 주머니에 꼭 챙겨
집 앞 요양원 하루도 거르지 않고 가신다
아버지의 하루 일과다
자식이 백인들 나만 하겠냐 시며
두 분의 사랑은 아직 끝나지 않았는데

요양원 침대 위에 엄마
언제쯤 정신이 돌아오실까
엄마를 그리며 줄다리기하시는 아버지
너무나 안타까운 모습에 안절부절못하는 딸

행복한 날

매일 엄마를 만난다
내 사무실 앞 요양원에서
오늘은 아버지도 만났다
아무것도 모르는 엄마 옆에
쌀 강냉이를 먹여주며 빙그래 웃는 아버지
두 분 모습에 그만 눈물이 마구 쏟아진다
흐르는 세월 야속하다
두 분 모습
잠시나마 나는 참 행복하다
어머니 아버지 사랑합니다
제 곁에 오래 머물러주세요

애타는 마음

조반은 얼마나 드셨는지
뭘 잡수셨는지
어젯밤 아픈 몸 얼마나 달래가며 뒤척이셨을까
아픈 걸 알기나 하실까
아예 말을 못하시는 엄마

일을 하다가도 길을 가다가도 밥 수저를 들다가도
그만 울고 만다 너무 슬퍼서
이젠 전화도 안 온다 엄마 목소리가 듣고 싶다
이렇게 추운 날이면 새벽같이
핸드폰이 울리고는 했는데
목도리하고 장갑 끼고 외출하라고
못 가르치고 못 먹이고 못 입혔다고
한스러워하시는 엄마

요즈음 나는 속으로 조용히 기도 한다
사랑하는 우리 엄마 이 세상에

너무너무 좋은 우리 엄마
새털같이 가벼운 몸으로
일어나셔서 나를 반겨주시길
애야, 하고 단 한 번이라도
엄마 목소리 꼭 듣고 싶은데
엄마 목소리를

흔적

길가에 떨어진 여기저기 벌레 먹어 구멍 난 잎새를 보니
열심히 삶을 살아온 남편 생각에 슬퍼진다

시장에 갔다가 우연히 그가 일하는 현장을 보았다
공구를 늘어놓고 이것저것 만지작거리며 작업에 열중인 그는
사다리에 수없이 오르락내리락하며 앉았다 일어섰다를 반복한다
실리콘 PVC 본드가 작업복에 더덕더덕 붙고
땀범벅에 냄새까지 진동한다

정년퇴직 후에도 막노동 현장을 들락이며 일하는
그의 온 육신은 성한 곳 없이 상처투성이다
그리도 곱고 멋지던 손
손가락이 문드러져 지문이 없는 그는
현관문도 열어 줘야 들어올 수 있단다

〈

현장에서 일하고 있는 그를 뒤로하고 돌아서는데
가을 향이 코끝에 맴돌아 울컥울컥 눈물이 난다
가족을 먹여가며 살았다는 흔적들
그는 오로지 가족을 먹여 살리려는 신념 하나로
봄에는 싹을 틔웠고 여름에는 꽃을 피웠다
아직도 가을걷이에 뒤볼 새 없이 바쁜 그

가로수 잎에 숭숭 구멍이 뚫려있는 모습이
그의 거친 손처럼 애처롭게 보인다

오른손

풍 맞은 오른손
꼭꼭 주물러 보지만
자꾸 오그라드는 엄마 손
육 남매 매만지며 길러주신 오른손
절로 눈물이 난다
참으려 마음을 달래본다

해드릴 것이 아무것도 없는 자식
엄마의 온기만 느껴도 행복해요
힘드시지만 많이 머물러주세요
마음 놓고 많이 부르게 엄마 어머니
이젠 욕심 없어요
말을 못해도 알아보지 못해도
난 엄마가 있어 너무 좋아요

4부.
아침 햇살의 상술

땅, 그 아름다운 속내

헤치고 두들기고 뚫고 밟히고
그리 사는 땅속이 수상하다
생명을 탄생시키고 생명수를 뿜어낸다
탐스런 열매를 토해내며 조용히 근신할 줄 안다
때때로 동안거에 들어가지만
여전히 꿈틀거리며 요동친다
땅속의 미로를 따라가 보니
삼십 년 전 돌아가신 할머니가 반긴다
그곳은 온통 귀금속 나라
보석을 좋아하는 나에게 마음대로 가져도 좋단다
현란한 귀금속들을 보는 순간 나는 정신이 없다
사랑의 마음은 다이아몬드 봉사의 마음은 골드
나눔의 마음은 사파이어 친절의 마음은 오팔
배려의 마음은 에메랄드가 된다는 할머니
땅속은 할머니처럼 따뜻하며 바람 한 점 없다
땅 위에는 욕심에 질투가 뒤섞여 쉴 곳이 없었다
사람은 땅에 묻혀서도 할 일이 많은가 보다

나는 무슨 보석이 될까 잡석은 아닐까
땅속에 그 사람, 방금 제비꽃으로 피어나고 있다

오랜만에 만난 그녀

한동안 보이지 않던 그녀가 오랜만에
길모퉁이에 보인다
샤넬 옷을 어깨에 걸친 그녀
잇몸이 하얗게 웃고 잇다
살랑거리며 걸어오는 모습이 예쁘다
지난겨울 무엇을 했는지
성큼 큰 것도 같고
야윈 것도 같다
그녀가 지날 때마다
사람들은 같은 리듬으로 하늘하늘 춤을 춘다
그녀의 봉긋한 입술에 반해
나도 콧등이 벌름거린다
저렇게 상쾌히 걸을 거면서
얼마나 발끝이 근질거렸을까
모진 풍파를 견딘 봄이
언제 그랬느냐는 듯 배시시 웃고 있다

봄비의 속성

달달하다
말간 설탕물에
온통 달작지근하게 젖은 사월
긴 잠에 빠진 생명들
끈끈한 혈관을 돌리며
갈증의 눈빛으로
옷고름을 푼다
살며시 얼굴 내민 연녹색 잎에도
줄줄 단물이 스민다
그대의 입맞춤에
꽃봉오리들 입을 열어
언덕을 노래한다

음音의 길

주전골 하산길에선 피아노 건반처럼
내 목소리는 올라갔다 내려갔다를 반복했다
삶에 길이 그처럼 아름다우면 얼마나 좋으랴
낮은음이 때로는 높은음보다 웅장하다
웃음과 눈물, 그 희로애락의 바람길
그 음의 길을 너머 인연의 길로 들어선다

31살의 젊은 나이로 생을 마감한 프란츠 슈베르트
그의 작품들은 아직도 당당하게 바람의 길을 걷고 있다
승려를 가장한 도둑무리들이 위조 엽전을 만들던 길
시를 창작하며 걷는 길은 저음의 길이였다
벌레가 갈잎 위에 촉수를 세워 음표를 그린다
나는 알 수 없는 음의 영역을 넘나든다

민들레꽃씨

집 모퉁이 보도블록 사이에
민들레꽃씨 두 송이 피어있다

어머니는 요양원 아버지는 치매로 육신을 맡기셨다
서로를 몰라보고 삶을 사시는 부모님
대답도 못 하시는 어머니 아버지를
살포시 불러본다
거기서 떨어져 나온 민들레꽃씨는
어머니 아버지의 일생이 너무도 서럽다

혹시 비바람이 불어 대봉이 꺾어질까
가슴 조이며 주변을 빙빙 돌고 돈다

봄의 노래

쉿, 잠이 덜 깬 나무들
흔들어 깨우지 않아도
애써 재촉하지 않아도
가지가지 이마에 햇살 닿으니
기지개를 켠다

땅속에 뿌리들도 노랠 부르며
매섭게 눈 치켜 뜬 바람에도
까치발 들고 살금살금 기어 온다

별을 닮은 개나리꽃
모은 손 닮은 목련꽃
볼연지 닮아 볼그레한 진달래꽃

연둣빛 새싹들은 오선으로 줄을 맞추고
앙증맞은 산수유꽃망울은
오선지 위에 올라앉아 춤을 춘다

해동바람 시샘해도 까르르 웃으며
지휘봉 휘저으니 봄노래 지천에 퍼지네

야생화에게

사탕처럼 감미롭게 다가오는 그대의 향기
코끝을 스치네
여기저기서 말갈기를 휘날리며
마구 달려오는 조랑말들
보살피는 이 없어도
세파에 시달리면서도
그저 사심 없이 살아온
쑥부쟁이 억새꽃이여
모양새 예쁘고
마음씨조차 곱게 보이는
갈향기 짙은 그대여
어디에서나 묵묵히 제 소임을 다하는
그들을 닮고 싶다

분재

봄기운 일렁이는 호수공원 꽃박람회
제각기 자태를 뽐내며 피어난 꽃들에
탄성이 절로 나온다
한참 구경하고 호숫가로 가려는데
한쪽 전시장엔 꽃도 없는 나무들이
온갖 고초를 견딘 채
화려한 몸치장으로 얌전히 앉아있다
이리저리 뒤틀린 채 기기묘묘한 모양
누구를 위해 철사로 몸을 감고
자라지 못하도록 했을까
너의 모습에 흐느낌인지 탄성인지
오가는 발걸음들이 분분하기만 한데
맹수가 쇠사슬에 묶여 울고 있는 듯
가련한 생각이 든다

아침 햇살의 상술

그는 타고난 장사꾼
문을 열어 주지도 않았는데
하루의 보따리를 메고 마구 들어온다
기쁨 사세요 행복 사세요
그는 말 없는 장사꾼
오늘도 어김없이 나를 찾아와
막무가내로 세월을 팔고 가네
무단 침입을 일삼는 그대는
슬픔에 잠긴 나에게 기쁨을 팔고
때로는 행복의 열쇠도 파는
따뜻한 성품을 지닌 그대는
타고난 장사꾼
어느새 방안 가득 어둠을 들여놓고
홀로 길을 떠나간다

나팔꽃 피다

베란다 한쪽 구석에 버려둔 화분 속
그녀가 낙망의 무덤에서 일어나 기지개를 켜고 있다
먼지 털고 움터 나온 작은 생명
그녀가 무를 긁어 잡숫던 유년의 어머니처럼
봄 햇살을 야금야금 긁어먹으며 웃고 있다
초록 파라솔을 펼치고 보란 듯이 폼을 잡은 그녀
무명저고리 입던 어머니의 모습처럼 곱슬프다

얼마나 목이 탔을까 물 한 바가지 떠다 주었더니
사진 속 어머니처럼 금방 생기가 도는 듯하다
자리 좋은 곳에 앉히고 정성을 다하니
어느새 여유를 부리며 벽에 걸터앉아 있다

자식을 향한 염원 하나로 억척같이 사신 그녀
나도 저렇게 곱고 숭고한 몸짓으로
집안을 꽃피우며 스스로의 벽을 기어올라야 하는데

물쑥뿌리

아직 얼음이 녹지 않은 이른 봄날
고향 마을 앞 북두내 벌판이 있다
바구니 옆에 끼고 호미 한 자루 달랑 손에 쥐고
동내 친구들과 집을 나섰다

먹을 것이 변변치 않던 시절
잎은 쑥인데 뿌리는 통통하다 향이 기가 막히다
살짝 데쳐 고추장에 무치면 정말 맛이 있다
한 바구니 캐서 저녁상에 둘러앉아
보리밥에 비벼 먹으면 꿀맛이다

봄이 오면 춘천장 용문장 영평장
모두 부지런히 다녀보지만 찾을 길이 없다
두 눈을 동그랗게 뜨고 경동시장도 점령해보지만
그는 어디에도 없다
그때 그 북두내 벌판은 완전 폐허가 되어 사라진 지 오래

봄만 되면 눈에 밟히는 물쑥뿌리

그 향 잊지 못해 봄이면 이산가족 찾듯이 헤메인다
어디를 가야 그를 만날 수 있을까

갈대의 학구열

해질녘 너는 웃음 고운 아이구나
이리저리 흔들리며 손짓하는 모습이
소녀 같아 보여
학교 가려는 너를 돌려세우고
곱게 댕기머리 따주고 싶다

은발 나부끼며 누굴 기다리는가
갈바람에 절레절레 흔드는 하얀 머리
울긋불긋 화려한 축제에서
뒤꿈치 들고 사뿐사뿐 춤추는 너도
나처럼 주인공이 되고 싶었구나

세월의 껍질

덜그렁덜그렁
도시락 든 책보를 허리춤에 졸라매고
오가던 십릿길
어쩌다 나타난 미군 트럭
뽀얀 먼지를 일으키며 신작로 길을 지나간다
헬로우헬로우
손을 저으며 따라가는 아이들
씨레이션 버터크레커
처음보는 신기한 먹을거리
마구 날아 떨어진다
지금은 그 흔한 오렌지
운이 좋아 하나를 집어들었다
동생들 나눠주고 할머니도 드리고,
쪽쪽이 떨어지던 그 달콤한 향기가
나를 예까지 데려다 놓았네
지금도 쌉싸름한 세월의 껍질을 까고 있다

물감장수

나는 물감장수
메뚜기도 한철이라는데
요즘에 돈 못 벌면 언제 벌으랴
저 산등성 여기 강 언덕
저마다 기다리며 예약에 바쁘구나
수줍어 온몸을 감추던 홍시
높이 앉아 윙크하니
이내 뛰어가 예쁘게 칠해주고
가녀린 잎새가 머무른 곳까지도
밧줄 타고 날아가 빨간 칠을 해준다
그가 그려놓은 그림을 보려고
산에도 들에도 인산인해다

물감 팔아 한 밑천 두둑이 건진
그 장사꾼
마누라 엉덩이 두들기며
서너 달 들어앉고 말았네

석양

이리 보고 저리 보고
아무리 뜯어봐도 허망하다
틀어진 얼굴 위에
질퍽한 삶의 흔적들
굽이굽이 넘은 고갯길
오묘하게 그려져 있다
세월이 달군 살점에선
흑임자가 노닐고
마디마디 관절들의 쉰 소리
마구 들린다

저 저녁노을 붉은 태양처럼 나도
내일 다시 떠오를 수 있을까

가을, 그 위선자에게

무엇보다도 큰 열매, 청정한 공기를 생산하는 너
너에게서 상실의 냄새가 난다
나무가 사는 숲속에서는 사람 냄새가 나고
사람이 사는 곳에서는 나무 냄새가 난다
마치 나눔과 사랑이 모두 제것인 양 자랑하는 너
너의 냄새에 머리가 띵하구나
어디를 가나 너의 추함은 눈 보듯 뻔하다
눈 질끔 감아보면 나는 없고 너만 있는데
무엇을 그리 거머쥐려 몸부림이냐
마치 모든 계절을 자신이 만든 듯 허풍 떠는 네게
아무 것도 가지지 않고도 당당한 겨울을 거울로 주마
위선의 너에게서 조금이라도 더 멀리 떨어지고 싶다
점점 더 쌓여만 가는 너의 욕심을 무시하며
은은한 목탁소리 버리지 못한 번뇌를 절간에 벗어놓
는다

가을 소풍

고사리손 호호 불며 졸업한 지 어언 44년
까까머리 소년에서 중후한 멋있는 신사로
단발머리 소녀에서 곱고 우아한 모습
굽이굽이 돌아온 양정초등학교 18회 지기들이여
늦은 나이에 만난 사랑하는 친구들아
엄마 품같이 넉넉한 고향 언저리에서
손에 손 맞잡은 이 정겨운 자리 따뜻하구나
어허라 둥둥 다시 한번 맑은 동심으로 돌아가보자
고운 은발머리 어색하지 않게 자주 만나자
가을 단풍과 어울리며 여유로운 마음으로
어울렁더울렁 즐거운 마음으로 동행하자
살아온 날보다 살아갈 시간이 많지 않기에
오늘 이 만남도 아름다운 추억이길 바라며
제 맘대로 뒹구는 단풍 잎들처럼
우리도 이 가을 끝자락잡고 뒹굴며
덩실덩실 더덩실 소풍놀이하자구나
사랑하는 친구들아

감잡다

늦가을 감나무 가지 끝에 매달린 두어 개의 감
잡힐 듯 잡힐 듯 가물하다
가진 것을 다 써버리지 않고
여분을 남겨두는 이유를 감잡아본다
까치 파먹으라고 남겨둔 보살행이 아니던가
사랑도 물질도 조금씩 남겨두는 것임을
이제야 감잡는다
깊은 사랑 뒤엔 아픔이 많고
마음을 모두 주어버리면 허탈감이 많다
젊음 건강도 함부로 써버리면
후회하게 된다는 것을 감잡는다
이 모든 걸 얼마라도 남겨두면
아름다움이 지속된다는 걸
남편이 바람을 피우면 직감으로 감잡아내는
나는 감집 여자

철부지

슬그머니 떠나고 싶다
아무도 모르게
말없이 떠나고 싶다
기차면 어떻고 고속버스면 어떠랴
맨 몸으로 떠나든
배낭 하나 메고 떠나든
현실을 벗어나고 싶다
살아온 세월 무거워진 육신
지금이라도 모든 걸 훨훨 던져버리고
아주 멀리 아주 천천히
그렇게 방랑의 길을 떠나고 싶다
석양에 물든 왕숙천을 상념에 잠겨 걷는데
슬그머니 보폭을 맞추어주는 갈바람이 속삭인다
곧 눈 맞을 준비나 하시지

왕숙천의 가을

강물이 넘실넘실 잔파도를 타고 있다
붉은 노을에 발을 씻고 있는 저녁
강변에 피어난 갈대들도
순한 갈바람을 숨기고 있는지
한들거리는 모습이 눈부시게 예쁘다
감나무에 매달린 농익은 홍시도
속내를 내보이듯 붉은빛이 아름다워라
저 멀리 반영으로 비치는 물새 두 마리
곧 사랑에 흠씬 빠질 기세다
양털구름은 어디로 가는지 바삐 서두르는 모습이
이젠 사랑하기에도 벅찬 세월인 듯
내가 그대를 그리워하듯
쉽게 떨어지지 않는 뭉글뭉글 뭉쳐진 갈대꽃처럼
그대도 나를 그리워하리라는 소망을 가슴에 안고
짙어진 붉은 노을을 타고 저 멀리 저 멀리
주머니 속에서 꺼내어 다시 닦은 거울처럼
빛나는 가을은 역시 멋쟁이다

왕숙천의 가을은 또 다른 가을로 해탈의 꿈을 꾸고 있겠지

은행나무 궁금증

아직도 고향 아랫마을 영일이네 마당 초입엔
오래된 은행나무 두 그루가 마주 보고 있다
굵은 가지만큼이나 열매가 가득하다
황금색 나뭇잎 사이 열매가 먹음직스럽다

그런데 열매 냄새가 똥냄새다
서울에서 온 한 어린이가 냉큼 한 알을 집어
지독한 냄새에도 오물거리며 씨만 쏘옥 뱉어내
시골 친구들하고 박장대소를 하고 웃었다

어릴 때 통통한 은행알을 먹고
옴이 올라 병원에 갔던 그 친구
잘 지내고 있을까
가을이 오면 늘 궁금해진다

낙엽의 말

나는 어머니 뱃속에서 탯줄잡고 매달렸다
뱃속에서 태어나선 젖줄잡고 매달렸다
험한 세상살이 부모님 손에 매달리고
이젠 남편 품속에 매달린다
자식에게도 매달려 보지만
자꾸자꾸 밀려나네
달리기만 하는 말 없는 세월 앞에
모든 걸 내려놓고 아양을 부려도 보고
생긋생긋 웃어도 보지만
서럽기 한이 없네
나는 매달리는데 이골이 났다
오늘도 떨어질까 두 손 꼭 잡고
이를 악문다

흥, 내가 떨어지나 봐라

겨울 모퉁이의 연못

겨울 모퉁이에는 작은 연못이 하나 있다

겨울이 오면 우리 집 앞 가로등 아래
덜그럭덜그럭하며 빙글빙글 붕어틀을 돌리는 붕어빵 아저씨
동그란 연못을 끌고 나와 붕어를 낚아 올린다
작은 연못에 미끼를 넣어 슬슬 돌리는 아저씨
굵직한 바늘에 끌려 나온다
살이 통통하다 어떤 놈은 단팥을 얼마나 먹었는지
옆구리가 터져 있고 어떤 놈은 노란 크림을 질질 흘리고 있다
비늘이 덕지덕지 붙은 놈도 있다
노릇하고 고소하게 구워진 붕어빵
작은 연못을 기웃거리며 오고 가는 사람들
두 손을 호호 불며 붕어를 낚는다

강낭콩

제일 먼저 눈에 들어오는 것은
울 엄마
딱지 접어 달래주던 울 엄마
강낭콩밥 먹기 싫다던 그 어린아이는
지금도 울고 있는데

토끼풀꽃반지

금반지가 아니면 어떤가요
나를 향한 당신은
아름다운 봄날
네 잎 클로버 사랑인 걸요
우리의 만남은 그 자체가 행운이지요

작품해설

조물주와 사람, 자연 필사의 시학

김 순 진(문학평론가·고려대 미래교육원 강사)

작품해설

조물주와 사람, 자연 필사의 시학

김 순 진

　좋은 사람의 척도를 가릴 때 우리는 선한 사람을 손꼽는다. 그러나 선하다고 다 좋은 사람이라 할 수는 없다. 왜냐하면 착하기만 하고 진취성이 없다면 그런 사람과의 교우는 긍정적일 수 없기 때문이다. 그러면 어떤 사람이 좋은 사람일까? 나는 좋은 사람의 척도에 의리를 꼭 끼워 넣는다. 곧 좋은 사람이란 변하지 않은 사람, 의리 있는 사람이 좋은 사람일 것 같다. 그렇다면 김선영 시인이 고려대 미래교육원, ≪스토리문학≫과 처음 인연을 맺은 것이 2011년으로, 13년 넘게 의리를 지켜온 사람이니 좋은 사람이 틀림없다. 김선영 시인과 만나 동고동락해온 지 벌써 올해로 13년째다. 그는 가까운 지인의 소개로 고려대 미래교육원 시창작과정에 입학하였는데, 지금껏 몇 번의 재등록과 함께 오늘의 시집을 내기에 이르렀다. 사람이 좋은 것과 시가 좋은 것은 또 다르다. 일찍이 허일 시조 시인께서는 "사람만 좋고 시가 나쁘면 별로 안 만나고 싶은데, 사람이 좋고 시가 좋으면 함께 다니고 싶고 밥 사주고 싶다."고 하셨는데, 김선영 시인이 그런 사람이다. 그는 늘 자신을 낮추고 남을 돋보이도록 응원하며 후원하는 사람이다. 김선영 시인은 평소 자신의 작품에 대해 늘 부족하다고 말해왔다. 그런데 이번에 시집을 내면서 살펴보니, 그게 아니었다. 언제 이렇게 좋은 시를 많이 장만해 놓았는지, 무릎이 처지며 고개가 끄덕여진다. 가히 기발해서 눈을 번쩍 뜨거나 혀가 내둘러지는 시도 있다.

나는 이에 김선영 시인의 시를 "1. 관찰에 의한 발상, 2. 회상에 의한 발상, 3. 자연에 의한 발상" 등 세 가지 측면에서 각각 2편의 시를 채택하여 예시로 삼으며 그녀의 문학세계를 관찰해보고자 한다.

그럼 이쯤에서 김선영 시인의 시 몇 편을 읽어보면서 그 시제에 관련된 생각의 나래를 펴보자.

1. 관찰에 의한 발상

　　거미 한 마리
　　처마 밑에 포목점을 차렸다
　　하늘을 두 뼘 잘라 펼쳐놓고
　　미동도 없이 손님을 기다리고 있다
　　귀퉁이에 앉아 기다리는 한 노파
　　삶의 무게가 버겁게 보인다

　　어린 벌레 한 마리, 덜컥 걸렸다
　　회심의 미소를 짓는다
　　벌레는 애원의 눈빛으로 바둥거린다
　　비싸다 그냥 간다
　　깎아줄 테니 사가라는
　　생의 몸부림,
　　누구든 먹이 앞에서 관용은 없다

　　먹고 먹히는 모습에서
　　안쓰러운 눈빛을 거두며
　　돈으로 평가되는 우리네 삶을 뒤돌아본다

　　　　　　　　　　　　　　　－「하늘포목점」전문

이 세상에 하늘에 포목점이 있다고 생각할 수 있는 사람은 시인뿐이다. 그중에서도 김선영 시인뿐이다. 이 시에서 거미는 하늘을 재단해 판다. 그리고 그 포목점의 주인은 노파다. 말하자면 길거리 노점상인 셈이다. 어릴 적 굵은 철사로 잠자리채를 만들어 집집마다 뒤꼍을 돌며 거미줄을 걷으러 다니던 생각이 난다. 어린 우리에게 거미는 혐오 동물이 아니었다. 거미를 손바닥에 가지고 노는 아이들도 많이 있었고, 잠자리채에 큰 거미를 달고 다니는 아이도 있었다. 내가 어릴 적엔 집거미만 보였고, 지금 풀숲에 있는 호랑거미는 외래종이라 당시엔 없었으며 나중에 외국에서 들어온 거미였다. 거미는 남극대륙을 제외한 인간이 사는 모든 땅에 각기 다른 종으로 서식하고 있다. 우리가 생각하는 거미는 대부분 거미집을 짓고 안주해 사냥하는 정주성 거미다. 거기에 반해 거미줄을 치지 않고 곤충을 잡아먹는 배회성 거미도 있다. 외국에는 거미가 설화나 문학작품에 많이 등장하지만, 우리나라의 경우에는 거미가 설화나 문학작품 속에 거의 등장하지 않는다. 다만 〈천둥산 박달재〉란 노래의 2절에 "왕거미 집을 짓는 구비마다 구비마다…"란 구절이 나와 그 의미를 더한다. 그래서 김선영 시인의 「하늘포목점」은 거미를 의인화한 최초의 작품이라 해도 과언이 아니고, 그만큼 문학적 의미도 깊다 할 수 있겠다. 김선영 시인은 이 시에서 "비싸다 그냥 간다 / 깎아줄 테니 사가라는 / 생의 몸부림"과 같은 의인법을 구사한다. 사람들은 인간만이 언어를 가지고 있다고 착각하지만, 이 세상 모든 만물은 그들만의 언어를 가지고 소통한다. 언어가 꼭 음성언어일 필요는 없다. 말수가 많으냐 적으냐, 목소리가 크냐 작으냐의 차이는 차치하고서라도 풀잎에게도 몸짓의 언어가 있고, 조약돌에게도 기다림의 언어가 있으며, 푸른 소나무에게는 견딤의 언어가 있음을 김선영 시인은 알고 있는 것이다. 그래서 거미 노파의 '하늘포목점'에 온 잠자리 손님은 잡혀 먹히는 것이 아니라 하늘을 한 뼘 산 고객이 되는 것이다.

    목탁소리에 감화돼 스스로 둥글어진 바위들
    산등성이마다 부처님이 계신다
    장경각 안에서 숨소리가 들린다
    성철스님의 열반송이 아직도 살아
    중생들을 반기는 듯 불법을 설하신다
    은은히 들리는 부처님의 말씀이

내 마음을 흔드는데
불심을 담는 그릇이 맨발이다
너덜너덜 헤지고 아프다
잠시 목이 메어 온다
해인사 오르는 길에 생명의 소리 들려온다
신라 애장왕의 왕비가 등창으로 고생할 때
신비하게 고쳐준 사찰
단풍이 곱게 물든 사이사이로
솔내음으로 울려 퍼지는 불경소리
몇백 년 된 소나무들
나무아미타불 관세음보살
야단법석이다

- 「야단법석」 전문

우리는 사람들이 시끄럽게 떠들 때 '야단법석이다'란 말을 자주 쓴다. 이 말은 원래 불교에서 나온 말이다. 야단野壇이란 야외에 세워진 단壇이란 뜻이고 법석法席이란 법문을 외우는 자리란 뜻이니 스님들이 모두 나와 야외에 세워진 단에서 단체로 불경을 외워 시끄러운 모양을 일컫는 말이다. 그런데 자칫 야기요단惹起鬧端이란 말 즉 서로 시비의 실마리를 끌어 일으킴의 뜻의 준말인 야단惹端으로 이해하기 쉬우나 그것은 틀린 말이다. 이 시에서 김선영 시인은 바위들이 목탁소리를 듣고 스스로 감화돼 둥그러졌다고 말한다. 앞서 인용한 시 '하늘포목점'가 의인법이 강조된 시라면 이 시는 활유법活喩法이 강조된 시다. 활유법이란 무생물을 생물에 비유하여 표현하는 수사법으로 목탁소리를 들은 바위들은 스스로 둥그러지며 부처가 되는 것이다. 한때 고려대 미래교육원 시창작과정에서 종강여행으로 해인사를 방문한 적이 있다. 당시 합천문인협회의 손국복 회장의 안내로 우리는 해인사를 방문하였는데, 방문 이유는 해인사 장경각에 보관되어 있는 팔만대장경을 앞으로 100년 동안 대중에 공개하지 않는다는 문화재청의 발표가 있어서 마지막으로 팔만대장경을 보고 싶어서였다. 김선영 시인도 그때 여행에 동참했는데, 이리 훌륭한 시를 건져내실 줄은 몰랐다. 해인사 소리길을 따라 흐르는 맑은 물과 자연, 소리까지 모두 담아내면서 "신라 애장왕의 왕비가 등창으로 고생할 때 / 신비하게 고쳐준 사찰"이란 역사적 의의까지 놓치지 않고 기술해 읽는 사람으로 하여금, 서정과 서사의 조화로움을 느끼게 한다.

2. 회상에 의한 발상

아버지 엄마 따라 시작된 서울살이
왕십리역 부근 말 그대로 다리 밑이 환하게 보이고
전차가 오가는 종착역 옆에 아버지 회사가 있었다
내 나이 다섯 살 할머니네 건넛방에 세 식구가 살았다

연탄 아궁이에 앞마당에는 수도가 놓여있고
대청마루가 커다란 그래도 제법 큰 한옥이었다
밤이면 왕십리 다리 따라 쭉 늘어선 술집들
색시들이 이쁜 옷을 입고 들락이고
땅콩 파는 아주머니들이 여기저기 자리 잡고 전을 펼쳤다
왕사탕과 땅콩을 세모로 싼 비닐이 유난히 돋보였다

아버지 퇴근하면 대롱대롱 매달려 양복 주머니 동전을 꺼내서
역전에 나가 땅콩을 사서 역전앞 건물을 뱅뱅 돌며 몰래 까먹었다
또 그러면 똥다리 밑에 버린다는 엄마의 엄포에
두 번 다시 안 그런다고 싹싹 빌던 기억
한번은 엄마 따라 왕십리시장에 갔다가 엄마를 잃어버렸다
어떤 아주머니께서 나를 문화방송국으로 데려갔는데
그때 엘리베이터를 처음 타봤다

〈
　우는 나에게 집이 어디냐고 묻는다
　왕십리 똥다리 밑이라고 말했다, 그것밖에 기억이 안 나서
　웃음바다가 된 방송국 사람들은 왕십리 똥다리로 나를 데려갔는데
　왕십리 똥다리 때문에 집을 잘 찾은 나는
　지프차도 그때 처음 타 봤다
　그 똥다리는 지금의 어디쯤일까

- 「왕십리 똥다리」 전문

　지명은 그 시대의 문화와 특징을 반영한다. 서울에는 여러 가지 재미있는 지명이 많이 있는데 '왕십리 똥다리'도 그중에 하나다. "굴레방다리, 땡땡거리, 떡전교, 오목교, 먹골, 모래내, 한티, 할미산, 고더기, 능골, 소귀, 서낭댕이, 까치산, 까치고개, 방아다리, 주막거리, 말미, 방아다리, 당고개, 쌍갈무늬, 살피재, 풀무골, 가재울, 말죽거리, 박석고개, 돌곶이, 돌무더기, 곰달래, 팽이마을, 포방터, 독바위, 산골고개, 양천리, 버티고개, 마른내골, 미나리꽝" 같은 서울의 각 지명도 그 시대의 추억을 말해주는 지명이다. 김소월 시인의 시에도 나

오는 왕십리는 왕이 이 지방을 돌아보고자 왔는데 땅이 질어 십 리 밖에도 못 갔다는 전설이 전해진다. 김소월은 일찍이 그의 시 왕십리에서 "비가 온다 / 오누나 / 오는 비는 / 올지라도 한 닷새 왔으면 좋지 // 여드레 스무날엔 / 온다고 하고 / 초하루 삭망이면 간다고 했지 / 가도 가도 왕십리 비가 오네(하략)"이라 노래했는데, 이는 왕십리가 땅이 질었던 이유를 뒷받침한다 할 수 있겠다. 어릴 적에 엄마를 따라 장에 갔다가 엄마를 잃어버리고, mbc 방송국까지 갔다가 '왕십리 똥다리'란 기억 덕분에 집을 찾은 추억과 함께 그 시절의 삶의 묘사는 중요한 역사적 자료가 된다.

> 밀짚 거적 깔고 두레상에 둘러앉은 가난
> 다시는 먹지 않으려 다짐 또 다짐하던
> 시커먼 꽁보리밥
> 찬물에 말아 휘휘 저어 짠지 한쪽에
> 허기 달래던 세월
> 입속에서 이리 미끌 저리 미끌 자꾸 뱉어내는
> 어린 자식 꼭꼭 씹으면 단맛이 난다며
> 한 번만 먹어보라 달래 보는 어머니
> 한여름 지긋한 허기에 식은땀이 흐른다

성인이 된 그는 다시는 먹지 않겠다고 맹세했지만
　　　여전히 주변을 맴도는 그를
　　　반길 수밖에 없네

　　　　　　　　　　　　　　　- 「꽁보리밥」 전문

　어릴 적 우리 형제들은 동네 아이들 사이에 방귀쟁이로 통했다. 이유는 하도 꽁보리밥만 먹어 저절로 방귀가 나왔기 때문이다. 어릴 적 나는 '소리방귀', 내 손 아랫동생은 '핏방귀'로 유명했다. 나는 큰 소리를 내며 방귀를 뀌어 함께 놀던 친구들에게 핀잔을 샀고, 내 동생은 몰래 '피'하고 방귀를 뀌고 안 뀐 척 가만히 있는 것이다. 그럴 때면 모두들 코를 쥐고 문을 열며 '니가 그랬지?'라고 손가락질을 하며 밖으로 나가는 등 작은 소동이 일었다. 점심시간이면 선생님들은 보리밥 도시락 검사를 했다. 화전민 자식으로 늘 보리밥만 싸 가지고 다녀야 했던 가난한 가정의 아들인 나는 보리밥 검사에 걸릴 일이 없었다. 가끔 흰 쌀밥만 싸 오는 아이들은 내 밥과 반쯤 바꿔치기를 했는데, 그럴 때면 나는 오이씨 같은 흰 이밥을 먹어보는 행복에 젖곤 했다. 어머니는 봄이면 보리고추장을 담그셨다. 보리로 싹을 낸, 직접 길러 말리신 엿기름을 맷돌에 갈고, 가마솥으로 한 솥 보리밥을 해서 엿기름과 조청, 곱게 빻은 고춧가루를 버무리면 보리고추장은 함께 넣은 엿기름에 금방 삭아서 손가락으로 바로 찍어 먹어도 될 만큼의 맛있는 고추장이 되었다. 그런 보리밥이 이젠 웰빙식품이란다. 갖가지 나물에 비벼 먹는 보리밥집이 마을마다 성황을 이루고, 유명한 칼국숫집에서는 주문한 칼국수가 나오기 전 열무김치에 비벼 먹으라며 고추장과 함께 보리밥을 애피타이저로 내놓는다. 어릴 적 집 근처의 군인교회에 갔을 때 씽얼롱 시간에 군종사병이 가르쳐주던 〈꽁당보리밥〉이 문득 떠오른다. "꼭꼬댁 꼬꼬 먼동이 튼다 / 복남이네 집에서 아침을 먹네 / 옹기종기 모여 앉아 꽁당보리밥 / 꿀보다 더 맛 좋은 꽁당보리밥 / 보리밥 먹는 사람 신체건강해 / 보리밥 먹는 사람 신체건강해"란 노래인데, 집집마다 예닐곱 식구가 누우런 두레상에 둘러앉아 먹던 꽁당보리밥은 우리 민족을 선진국 시민으로 밀어올렸다. 그런 추억어린 시를 시인이 쓰면, 이는 곳 그 시대의 기록이 되고 역사가 된다.

3. 자연에 의한 발상

>
> 헤치고 두들기고 뚫고 밟히고
> 그리 사는 땅속이 수상하다
> 생명을 탄생시키고 생명수를 뿜어낸다
> 탐스런 열매를 토해내며 조용히 근신할 줄 안다
> 때때로 동안거에 들어가지만
> 여전히 꿈틀거리며 요동친다
> 땅속의 미로를 따라가 보니
> 삼십 년 전 돌아가신 할머니가 반긴다
> 그곳은 온통 귀금속 나라
> 보석을 좋아하는 나에게 마음대로 가져도 좋단다
> 현란한 귀금속들을 보는 순간 나는 정신이 없다
> 사랑의 마음은 다이아몬드 봉사의 마음은 골드
> 나눔의 마음은 사파이어 친절의 마음은 오팔
> 배려의 마음은 에메랄드가 된다는 할머니
> 땅속은 할머니처럼 따뜻하며 바람 한 점 없다
> 땅 위에는 욕심에 질투가 뒤섞여 쉴 곳이 없었다
> 사람은 땅에 묻혀서도 할 일이 많은가 보다
> 나는 무슨 보석이 될까 잡석은 아닐까
> 땅속에 그 사람, 방금 제비꽃으로 피어나고 있다
>
> ―「땅, 그 아름다운 속내」 전문

강의 시간에 나는 가끔 작은 종이컵 정도의 화분 하나를 비유하곤 한다. 그 작은 화분에는 흙이라곤 정말 적은 양이 담겼다. 그리고 거의 없이 물기도 메마르다. 그런데 그 작은 화분에서 수선화꽃이 피고, 가시 달린 선인장이 자란다. 화분을 뒤집어 흙을 쏟아보면 그 적은 양의 흙에는 아무리 눈 씻고 보아도 수선화꽃의 노란 염료는 보이지 않는다. 선인장 가시의 따끔함도 없다. 그런데 그 소량의 흙은 자신에게 주어진 환경에 최선을 다하며 수선화 노란 꽃을 피우고, 선인장의 가시를 만들어내며, 향기로운 동양란을 피워낸다. 김선영 시인이 말하는 「땅, 그 아름다운 속내」를 우리에게 보여주고 있는 것이다. 어릴 적 베개에 엎드려 눈을 감고 '하나 둘 셋…'하며 백까지 세어 내려가다 보면 베개에 눌린 눈에서는 오만가지 현상이 나타남을 경험했다. 처음에는 까맣다가 노랗다가 빨갛다가 여러 가지 색깔이 뒤섞여 꽃밭이 되는 현상을 누구나 한 번쯤은 경험했을 것 같다. 지상 위에만 꽃이 있고, 단풍이 있는 것이 아니다. 가끔 강의시간에 강조해 말하지만, 인간이 가진 금은 태양(조물주)이 만든 가장 공들인 피조물이다. 인간들은 여기저기 금맥이 발견되었다고 좋아하지만, 어떤 땅속에 가면 가도 가도 금만 있는 나라도 있을 것 같고, 오만가지 광물들이 서로 어우러져 꽃밭을 이룬 땅속도 있을 것 같다. 그래서 땅을 절단해본 것이 박물관에 진열된 보랏빛 수정의 광물이 아닐까 하는 생각이 든다. 김선영 시인은 그런 현상을 두고 "사랑의 마음은 다이아몬드 봉사의 마음은 골드, / 나눔의 마음은 사파이어 친절의 마음은 오팔 / 배려의 마음은 에메랄드가 된다"고 할머니께서 알려주셨다고 말한다. 가히 시인다운 생각이다. 땅은 우리가 태어난 곳이며 돌아갈 곳이다. 땅은 우리를 먹여준 곳이며, 딛고 살아가는 공간이다. 그런데 우리는 땅을 기름과 폐수로 오염시키고, 쓰레기를 산처럼 쌓아놓는다. 그것은 결국 우리에게로 되돌아와 아토피와 중금속오염 등 질병에 이르게 함을 잊지 말아야 한다.

> 강물이 넘실넘실 잔파도를 타고 있다
> 붉은 노을에 발을 씻고 있는 저녁
> 강변에 피어난 갈대들도
> 순한 갈바람을 숨기고 있는지
> 한들거리는 모습이 눈부시게 예쁘다
> 감나무에 매달린 농익은 홍시도

속내를 내 보이듯 붉은빛이 아름다워라
저 멀리 반영으로 비치는 물새 두 마리
곧 사랑에 흠씬 빠질 기세다
양털구름은 어디로 가는지 바삐 서두르는 모습이
이젠 사랑하기에도 벅찬 세월인 듯
내가 그대를 그리워하듯
쉽게 떨어지지 않는 뭉글뭉글 뭉쳐진 갈대꽃처럼
그대도 나를 그리워하리라는 소망을 가슴에 안고
짙어진 붉은 노을을 타고 저 멀리 저 멀리
주머니 속에서 꺼내어 다시 닦은 거울처럼
빛나는 가을은 역시 멋쟁이다
왕숙천의 가을은 또 다른 가을로 해탈의 꿈을 꾸고 있겠지

- 「왕숙천의 가을」 전문

왕숙천의 지명은 왕이 와서 잤다는 데서 비롯된다. 왕은 이성계를 말한다. 왕자의 난으로 함흥에 가서 함흥차사라는 말을 남기게 된 이성계는 되돌아오는 길에 왕숙천 근처 팔야리八夜里란 데서 8일 밤을 묵게 된다. 물론 3대 왕 태종太宗 이방원을 잡기 위해서다. 그때 왕이 묵었다고 해서 그 마을을 팔야리, 그 개울을 왕

숙천이라 불리게 되었다. 이성계는 팔야리에서 8일밤을 묶으면서 이방원 잡기에 혈안이 되어 있었다. 명사수로 유명한 이성계가 하루는 이방원의 모습을 보고 활을 쏘았다. 이방원은 이 낌새를 눈치채고 싹 피했다. 그러자 이성계가 나오라 손짓하며 이방원을 불렀다. "과연 내 아들이로다. 여기 있다. 국쇄! 이제부터 네가 왕이다."라며 이성계는 옥쇄를 이방원에게 넘겨주었다. 그곳이 도장을 내주었다는 뜻의 내각리乃角里였다. 그런데 이곳은 이성계가 비각마을에 행궁行宮을 정하고 있을 때 왕비 강씨가 임시로 거처하고 있던 곳으로도 유명한데 지명은 각이 있었다는 뜻의 내각리內閣里 표기되고 있다. 왕숙천은 포천시 내촌면 신팔리 수원산 동쪽에서 발원하여 남양주시 진접읍을 지나 진건면, 퇴계원면의 경계를 따라 흐른다. 그리고 남양주시와 구리시의 경계를 이루면서 남으로 흐르다가 구리시 토평동과 남양주시 수석동 사이에서 한강을 흘러드는 준용하천이다. 김선영 시인은 이 역사적인 하천 왕숙천을 자연 그대로 보고 있다. 말하자면 이데올로기를 배제한 채 자연 자체로 보는 방식인데, 이는 서사보다 서정에 마음을 두는 시창작 방법으로 오히려 아는 척,

유식한 척, 잘 모르는, 확인되지 않은 서사를 억지 춘향으로 끼워 넣는 것보다 훨씬 좋은 시로 승화할 수 있는 요인이 된다. 말하자면 김선영 시인은 왕숙천의 가을에서 자연의 환골탈퇴를 간접적으로 경험하면서 개인의 환골탈퇴를 꿈꾸는 것이다.

이상에서처럼 김선영 시인의 시세계를 여행해 보았다. 김선영 시인의 시는 첫째 경천애인 사상을 바탕으로 하고 있다. 기본적으로 조물주, 즉 하늘의 뜻을 받들고 순종하며 사람을 사랑해서 부모와 이웃에 대하여 긍휼한 눈으로 바라보고 있었다. 둘째 인간미를 바탕으로 쓰여졌다. 그의 시에는 모두 따스한 인간애가 자리하고 있어서 읽는 사람으로 하여금 가슴 훈훈함을 느끼게 한다. 셋째 자연의 이치를 모사하고 자연에게 감동받는 방식을 시의 가늠자로 사용하고 있었다. 따라서 나는 김선영 시인의 시를 조물주와 사람, 그리고 자연 필사의 시학이라 평가한다.

이처럼 훌륭한 첫 시집을 펴내는 김선영 시인께 우레 같은 박수를 보내드린다.

김선영 시집

하늘포목점

초판발행일 2024년 5월 8일

지은이 : 김선영
펴낸곳 : 도서출판 문학공원
발행인 : 김순진
편집장 : 전하라
디자인 : 김초롱
등 록 : 2004년 3월 9일 제6-706호
주 소 : (우편번호 03382)서울 은평구 통일로 633
         녹번오피스텔 501동 302호 스토리문학사
전 화 : 02-2234-1666
팩 스 : 02-2236-1666
홈페이지 : https://blog.naver.com/ksj5562
이메일 : 4615562@hanmail.net

※ 잘못된 책은 교환해 드립니다.
※ 책값은 뒤표지에 있습니다.